www.ingramcontent.com/pod-product-compliance
Lightning Source LLC
Chambersburg PA
CBHW041653260326
41914CB00018B/1630
9781839900754